Inhalt

Kultursensibilität - erfolgreiche Unternehmen bleiben bei ihren Werten

Kernthesen

Beitrag

Fallbeispiele

Weiterführende Literatur

Impressum

Kultursensibilität - erfolgreiche Unternehmen bleiben bei ihren Werten

Robert Reuter

Kernthesen

- Manche Unternehmen sind seit 100 Jahren erfolgreich, die meisten anderen werden nur gut zehn Jahre alt.
- Wichtigster Erfolgsfaktor, der die Überlebenskünstler von den Sternschnuppen unterscheidet, könnte das Festhalten an der eigenen Unternehmenskultur sein.
- Hieraus ergibt sich die Notwendigkeit, das Unternehmen bei Change-Prozessen nicht von den Füßen auf den Kopf zu stellen,

sondern kultursensibel vorzugehen.
- Eine besonders hohe Bedeutung hat die Unternehmenskultur für international aufgestellte Unternehmen, da hier ein gemeinsamer Wertekanon das einzige Band ist, das Zusammenhalt bietet.

Beitrag

Überlebenskünstler und Sternschnuppen

Einer aktuellen Studie zufolge tun sich junge Unternehmen immer schwerer damit, über lange Zeiträume hinweg erfolgreich zu sein. Die Existenz von Unternehmen ist darum von immer kürzerer Dauer. Durchschnittlich werden Unternehmen in Europa nur 12,5 Jahre alt, bevor sie Insolvenz anmelden oder von einem Wettbewerber geschluckt werden.

Auf der anderen Seite gibt es eine ganze Reihe von Unternehmen, die bereits seit vielen Jahrzehnten, manche sogar seit fast 100 Jahren erfolgreich sind. Die spannende Frage, die sich hier anschließt, ist die nach den Gründen für den nachhaltigen Erfolg. Wenn sich nämlich Merkmale erschließen lassen, die den Erfolg und die Resilienz (= Widerstandsfähigkeit) der unternehmerischen Dinosaurier begründen können, würden sich hieraus Erkenntnisse für die Führungsforschung ableiten lassen.

Weltmeister in der Disziplin Überlebensfähigkeit sind Unternehmen wie Daimler, Münchener Rück, Shell oder Siemens. Diese Unternehmen meisterten zwei Weltkriege, die Wirtschaftskrise der 1930er Jahre, die beiden Ölkrisen sowie die jüngsten Turbulenzen an den Finanzmärkten. Das Ergebnis der Untersuchung vorwegnehmend lässt sich feststellen, dass all diese Unternehmen den Spagat zwischen Bewahrung von Bewährtem - wie eben der Unternehmenskultur - und der Offenheit für Neues meistern konnten. Den Überlebenskünstlern kann damit bescheinigt werden, dass sich ihre Resilienz nicht in erster Linie auf der Fähigkeit zum schnellen Wechsel gründet, sondern darauf, auf eine intelligente Art konservativ geblieben zu sein. (1)

Innovationsfähigkeit alleine reicht nicht

Von Führungskräften werden in besonderer Weise Visionen, Zukunftsideen und Innovationen erwartet. Die hier vorgestellte Untersuchung ergab jedoch, dass sich viele gescheiterte Unternehmen hinsichtlich ihrer

Innovationsfähigkeit von den Weltmeistern gar nicht so sehr unterschieden. Viel mehr stellte sich heraus, dass gescheiterte Unternehmen zuvor ausnehmend innovationsstark waren, sie aber für den schnellen Wandel möglicherweise viel zu schnell Managementmethoden und Unternehmenswerte ebenfalls über Bord warfen. Langjährig erfolgreiche Unternehmen zeichnen sich demgegenüber durch die Fähigkeit aus, auch im Wandel ein festes Fundament - in Form einer unverrückbaren Firmenphilosophie und einer festgefügten Wertewelt - zu bewahren. (1)

Gefragt sind Behutsamkeit und Kultursensibilität

Dafür, wie ein Unternehmen im Spannungsfeld zwischen Konservatismus und Neuerung einen guten Mittelweg findet, bietet die Firma Glaxo (heute GlaxoSmithKline) ein gutes Beispiel. Anfang der 1990er Jahre stand der Konzern vor einem großen Wechsel, weil der Patentschutz für das ertragreichste Medikament auslief. Schon damals hat sich die Unternehmensführung darum bemüht, den bevorstehenden Wandel mit einem behutsamen Change-Programm vorzubereiten. Dabei wurde der alte Produktfokus durch eine neue, auf therapeutische Bereiche ausgerichtete Organisationsstruktur ersetzt. Das Unternehmen unterstützte diesen Wandel durch Investitionen in Kommunikation und Trainingsmaßnahmen. Da die Bereitschaft der Belegschaft zur Veränderung hierdurch bereits geweckt war, führte das Unternehmen den internen Wandel fort und schnitt gleich einige andere Zöpfe mit ab. Im Ergebnis konnte der Wegfall des Hauptumsatzbringers dem Unternehmen fast nichts anhaben, denn die Veränderungsprozesse gingen behutsam vonstatten und waren überdies so gestaltet, dass sie auf die Unternehmenskultur von Glaxo Rücksicht nahmen. Darüber hinaus war eine Grundlage dafür geschaffen worden, die Organisation auf den stetigen Wandel als Dauerzustand einzuschwören, ohne dafür von bewährten Grundlagen der Führung und Organisation abzulassen. (1)

Internationalität stellt besondere Herausforderungen

Im Ergebnis scheint ein behutsamer Umgang mit der eigenen Firmenkultur ein Schlüssel dafür zu sein, als Unternehmen lange zu bestehen und am Markt erfolgreich zu sein. Gleichermaßen wichtig ist ein kultursensibler Führungsstil bei Veränderungsprozessen, die über Ländergrenzen hinweg angestoßen werden sollen. Dies ist der Fall bei internationalen Unternehmen, deren Führungskräfte dann vor der Aufgabe stehen, den Change-Prozess an kulturelle Unterschiede anzupassen. Hohe Misserfolgsraten zeigen allerdings, dass die Anpassung des Wandels an nationale Eigenheiten eine besonders schwierige Aufgabe ist. Häufig sind sich die Zentralen nicht darüber im Klaren, dass verordneter Wandel nicht an allen Stellen des Globus gleichermaßen funktioniert. In der Führungsforschung liegen allerdings auch nur wenige Arbeiten vor, die das Mitgehen von Unternehmen mit der Zeit in einem supranationalen Kontext darstellen. Fest scheint zu stehen, dass die auf Europa und die USA fokussierte Erforschung von Change-Prozessen den interkulturellen Aspekt außen vor lassen und darum zu Ergebnissen kommen, die dem Wissensbedürfnis internationaler Konzerne nicht genügen.

Eine der wenigen Arbeiten, die sich mit der Frage nach interkulturellen Faktoren des Unternehmenswandels beschäftigt, stellt die Mitarbeiterpartizipation in den Vordergrund. Diese muss umso stärker ausgeprägt sein, je weniger sich die Zentralen mit den kulturellen Eigenheiten vor Ort auskennen. Durch Partizipation soll einerseits die Mitarbeiterakzeptanz und andererseits die Qualität der umgesetzten Lösungen erhöht werden. Die Experten vermuten zu Recht, dass die Erwartung von Mitarbeitern an ihre Einbindung in

Veränderungsprozesse je nach Kultur anders ausfällt. Die aktuelle Studie geht beispielsweise der Frage nach, ob deutsche und südkoreanische Mitarbeiter Change-Prozesse in Bezug auf das partizipative Vorgehen unterschiedlich bewerten. Schon hinsichtlich dieses Einzelaspekts fallen die Unterschiede groß aus - weil Asiaten grundsätzlich ein höheres Sicherheitsbedürfnis zugeschrieben wird als deutschen Arbeitnehmern. (2)

Gemeinsame Werte bewahren

Die Unternehmenskultur wird nicht durch die wachsende Internationalität der Wirtschaft, sondern auch durch das Internet auf die Probe gestellt. Menschen, die für das Unternehmen viel reisen und dabei mit dem Chef nur noch per E-Mail in Kontakt stehen, werden durch die räumliche Trennung von Kultur und Wertekanon ihres Arbeitgebers nach und nach entfremdet. Das gleiche passiert auch bei der Telearbeit, wenn sie so gestaltet ist, dass der Angestellte fast gar nicht mehr in der Firma auftaucht. Das Problem heißt hier, virtuell zu arbeiten und dennoch die Unternehmenskultur zu bewahren. Ein Lösungsvorschlag für das Dilemma ist die Schaffung virtueller Teams. Statt teure Face-to-Face-Konferenzen an den entlegensten Orten der Welt abzuhalten, muss die aktuelle Technik in Form von

Webcams und Videokonferenzen für das nötige Miteinander sorgen. Ob das Teambuilding per Internet die gleiche Einbindung der Mitarbeiter erreicht wie ein Präsenzarbeitsplatz, ist allerdings noch nicht geklärt. (4)

Trends

Führungskräfte wollen Unternehmenswerte

Die groß angelegte Studie "Führen durch Vernetzung" hat ergeben, dass Führungskräfte weltweit bestrebt sind, ihre Mitarbeiter durch die Formulierung von Unternehmenswerten und ethischen Grundsätzen stärker an ihre Unternehmen zu binden. Experten sehen die Umfrage, die weltweit und unter 1 700 Vorständen und Geschäftsführern durchgeführt wurde, als ein klares Signal für die Renaissance der Unternehmenskultur. Viele Vorstandsvorsitzende verfolgen - und dies zweifellos als Reaktion auf die Verwerfungen der Finanzkrise - eine neue Philosophie, in der eine offenere und stärker teamorientierte Unternehmenskultur an erster Stelle steht. (3)

Fallbeispiele

Kompetentes Verhalten bleibt wichtiger Faktor

Eine andere Studie hat sich ebenfalls der Frage gewidmet, was erfolgreiche von erfolglosen Unternehmen unterscheidet. Die Autoren untersuchen jedoch nicht die Unternehmenskultur und deren Wert für die Geschäftstätigkeit, sondern die Rolle von Vorgesetzten. Die wichtigsten Kennzeichen eines erfolgreichen Unternehmens sind demnach innere Faktoren wie die Führungskompetenz, Kooperation und Mitarbeitermotivation. (6)

Branchenkultur bestimmt das Unternehmen

Unternehmen sind bei der Schaffung einer eigenen Kultur nicht völlig frei. Viel mehr ist es so, dass der Wertekanon stark von der Branche beeinflusst ist, zu der die Firma gehört. Nach Expertenmeinung existieren in jeder Branche übergreifende Erfolgsfaktoren, an denen kein Unternehmen vorbeikommt und die sich normativ auf die

Wertewelt der Akteure auswirken. (5)

Weiterführende Literatur

(1) Die Jahrhundert-Champions
aus ZFO - Zeitschrift Führung und Organisation
03/2012, S.156

(2) Internationales Change Management
aus ZFO - Zeitschrift Führung und Organisation
03/2012, S.161

(3) Vernetzt führen - anders führen
aus Personalmagazin, Heft 09/2012, S. 44

(4) Gemeinsame Werte bewahren
aus - Personalwirtschaft, Heft 08/2012, S. 38-40

(5) Andere Märkte, andere Sitten
aus OrganisationsEntwicklung Nr. 03 vom 20.07.2012
Seite 066

(6) Spielräume statt Regeln
aus ZFO - Zeitschrift Führung und Organisation
01/2012, S.051

Impressum

Kultursensibilität - erfolgreiche Unternehmen bleiben bei ihren Werten

Bibliografische Information der deutschen Nationalbibliothek

Die Deutsche Nationalbibliothek verzeichnet diese Publikation in der deutschen Nationalbibliografie; detaillierte bibliografische Daten sind im Internet über http://dnb.d-nb.de abrufbar.

ISBN: 978-3-7379-0264-9

© 2015 GBI-Genios Deutsche Wirtschaftsdatenbank GmbH, Freischützstraße 96, 81927 München, www.genios.de

Alle Rechte vorbehalten. Dieses Werk ist einschließlich aller seiner Teile – z.B. Texte, Tabellen und Grafiken - urheberrechtlich geschützt. Jede Verwertung außerhalb der Grenzen des Urheberrechtsgesetzes bedarf der vorherigen Zustimmung des Verlags. Dies gilt insbesondere auch für auszugsweise Nachdrucke, fotomechanische

Vervielfältigungen (Fotokopie/Mikroskopie), Übersetzungen, Auswertungen durch Datenbanken oder ähnliche Einrichtungen und die Einspeicherung und Verarbeitung in elektronischen Systemen.